BEI GRIN MACHT SICH IHR WISSEN BEZAHLT

AF144778

- Wir veröffentlichen Ihre Hausarbeit,
  Bachelor- und Masterarbeit

- Ihr eigenes eBook und Buch -
  weltweit in allen wichtigen Shops

- Verdienen Sie an jedem Verkauf

Jetzt bei www.GRIN.com hochladen und kostenlos publizieren

Bibliografische Information der Deutschen Nationalbibliothek:

Die Deutsche Bibliothek verzeichnet diese Publikation in der Deutschen National-
bibliografie; detaillierte bibliografische Daten sind im Internet über http://dnb.d-
nb.de/ abrufbar.

Impressum:

Copyright © 2015 GRIN Verlag, Open Publishing GmbH
Druck und Bindung: Books on Demand GmbH, Norderstedt Germany
ISBN: 9783668350502

Dieses Buch bei GRIN:

http://www.grin.com/de/e-book/345223/die-deutsche-mindestlohnkommission-und-
die-low-pay-commission-grossbritanniens

Tim Reclam

Die deutsche Mindestlohnkommission und die Low Pay Commission Großbritanniens im Vergleich

Was Deutschland von seinem europäischen Nachbarn lernen kann

GRIN Verlag

GRIN - Your knowledge has value

Der GRIN Verlag publiziert seit 1998 wissenschaftliche Arbeiten von Studenten, Hochschullehrern und anderen Akademikern als eBook und gedrucktes Buch. Die Verlagswebsite www.grin.com ist die ideale Plattform zur Veröffentlichung von Hausarbeiten, Abschlussarbeiten, wissenschaftlichen Aufsätzen, Dissertationen und Fachbüchern.

Besuchen Sie uns im Internet:

http://www.grin.com/

http://www.facebook.com/grincom

http://www.twitter.com/grin_com

Fakultät Wirtschafts- und Sozialwissenschaften/Fachbereich Sozialökonomie

Hausarbeit zum Thema:

Die deutsche Mindestlohnkommission und die *Low Pay Commission* Großbritanniens im Vergleich
– was Deutschland von seinem europäischen Nachbarn lernen kann

Interdisziplinärer Grundkurs „Armut im Wohlfahrtsstaat"

von Tim Alexander Reclam

Bachelorstudiengang Sozialökonomie, 2. Semester

Hamburg, 14.12.2015

Inhalt

1 Einleitung

Seit dem 1. Januar 2015 gilt in Deutschland der gesetzliche Mindestlohn von 8,50 Euro brutto pro Stunde. Der Einführung ging eine lange und kontrovers geführte Debatte voraus. Einerseits lässt sich seit der Jahrtausendwende eine zunehmende Konzentration von Reichtum am oberen Ende der Gesellschaft beobachten, während am unteren Ende der Niedriglohnsektor und damit die Zahl der in Armut lebenden oder von Armut bedrohten Menschen gestiegen ist (Bispinck/Schäfer 2006). Andererseits geben insbesondere Anhänger[1] der (neo)klassischen Wirtschaftstheorie zu bedenken, dass ein Mindestlohn als staatlicher Eingriff in den Arbeitsmarkt zu einem Verlust von Arbeitsplätzen führen würde (z.B. Jerger 2006) und dadurch auch zu mehr Armut. Der Begriff *Armut* soll in dieser Arbeit als Einkommensarmut entsprechend der Definition der Europäischen Union verstanden werden: Demnach gelten Personen als arm, deren Nettoäquivalenzeinkommen unterhalb der Armutsschwelle von 60 Prozent des nationalen Median-Nettoäquivalenzeinkommens liegt (Seils 2012: 2ff).

In Großbritannien wurde der gesetzliche Mindestlohn (*National Minimum Wage* – NMW) bereits 1999 eingeführt und lag zu Beginn bei 3,60 Pfund brutto pro Stunde. EU-weit gibt es aktuell in 22 der 28 Mitgliedstaaten einen gesetzlichen Mindestlohn, wobei Höhe und Ausgestaltung sich stark unterscheiden.

Zahlreiche Studien zu den Auswirkungen gesetzlicher Mindestlöhne haben gezeigt, dass dieser staatliche Eingriff in den Arbeitsmarkt nicht zu einem Verlust von Arbeitsplätzen führen muss, sondern auch einen gegenteiligen Effekt haben und außerdem zu mehr Verteilungsgerechtigkeit führen kann (Herr/Kazandziska/Mahnkopf-Praprotnik 2009). Gleichzeitig muss konstatiert werden, dass ein zu hoher gesetzlicher Mindestlohn zu einem Verlust von Arbeitsplätzen und den damit verbundenen sozialen und volkswirtschaftlichen Problemen führen kann (z.B. Knabe/Schöb/Thum 2014). Daher ist die Frage nach der Höhe eines gesetzlichen Mindestlohns von hoher nationaler Bedeutung, da sie direkten Einfluss auf das Einkommen und somit den Lebensstandard vieler ihrer Bürger, die Wirtschaftskraft eines Landes und die internationale Wettbewerbsfähigkeit hat. Der konkreten Ausgestaltung des Mindestlohngesetzes (MiLoG) und dessen Anwendung fällt also eine große Verantwortung zu.

Diese Arbeit thematisiert nicht die Grundsatzdebatte um das Für und Wider des gesetzlichen Mindestlohns in Deutschland. Hier soll untersucht werden, wie Deutschland und Großbritannien mit

---

[1] Soweit im Folgenden Personenbezeichnungen und/oder Berufsgruppen etc. Verwendung finden, ist auch stets die jeweils weibliche Form gemeint. Der Autor sieht daher bewusst von einer genderneutralen Ausdrucksweise ab.

Hilfe von nationalen Kommissionen Höhe und Anpassungen des gesetzlichen Mindestlohns regeln. Dazu werden im Folgenden die deutsche Mindestlohnkommission (MLK) und die *Low Pay Commission (LPC)* Großbritanniens vorgestellt, ihre Ziele und Zusammensetzungen analysiert und wesentliche Unterschiede sowie Gemeinsamkeiten dargestellt. Abschließend wird die Frage beantwortet, was Deutschland von seinem europäischen Nachbarn lernen kann.

Warum fiel die Wahl des zu vergleichenden Staates auf Großbritannien? Zunächst ist es naheliegend, für den Vergleich einen anderen westeuropäischen Staat heranzuziehen, da ähnlicher Entwicklungsstand und Lebensstandard eine gute Vergleichbarkeit ermöglichen. Großbritannien ist, gemessen an Bruttosozialprodukt und Bevölkerungsgröße, neben Frankreich einer der beiden größten EU-Mitgliedstaaten, die den Mindestlohn schon hatten. Die Wahl fiel schließlich auf Großbritannien und nicht auf Frankreich, weil die MLK nach dem Vorbild der LPC entstanden ist und dieser daher ähnlich ist, jedoch einige gravierende Unterschiede aufweist. Außerdem wurde der Mindestlohn in Frankreich bereits 1945 eingeführt, in Großbritannien erst 1999. Hier sind die Erfahrungen mit der Umsetzung und dem Beginn der Arbeit der Kommission also aktueller und relevanter in Bezug auf die heutige, durch die Globalisierung geprägte Wirtschaft.

2 Das deutsche Modell

2.1 Ziele des gesetzlichen Mindestlohns in Deutschland

Die Einführung des gesetzlichen Mindestlohns wurde unter der Regierung von Angela Merkel bestehend aus CDU, CSU und SPD am 27. November 2013 im Koalitionsvertrag festgeschrieben. Darin heißt es: „Gute Arbeit muss sich einerseits lohnen und existenzsichernd sein." (CDU/CSU/SPD 2013: 48) Arbeitnehmer sollen also von ihrem Einkommen leben können, ohne von Armut betroffen zu sein. Dieses Ziel gewann im Hinblick auf die in Deutschland seit der Jahrtausendwende sinkende Tarifbindung und das Anwachsen des Niedriglohnsektors an Gewicht (Preis/Ulrich 2014: 2f.). Weiter heißt es: „Wir wollen Arbeit für alle, sicher und gut bezahlt." (CDU/CSU/SPD 2013: 47) Gleichzeitig soll also durch das erstgenannte Ziel eine hohe Beschäftigung nicht gefährdet werden.

Ein drittes Ziel des gesetzlichen Mindestlohns, das darüber hinaus im § 9 Abs. 2 MiLoG genannt wird, ist es, faire und funktionierende Wettbewerbsbedingungen zu schaffen. Dieses wenig präzise formulierte Ziel kann auf unterschiedliche Weise ausgelegt werden. Die MLK kann es sowohl auf den Auszehrungs- und Verdrängungswettbewerb unter Arbeitnehmern beziehen, als auch auf die Wettbewerbsstruktur zwischen unterschiedlich großen Unternehmen im Inland und auf den Wettbewerb zwischen in- und ausländischen Unternehmen (Riechert/Nimmerjahn 2015: 147-148).

Im Koalitionsvertrag von 2013 heißt es weiterhin: „Tarifautonomie, Tarifeinheit und Mitbestimmung sind für uns ein hohes Gut." (CDU/CSU/SPD 2013: 8) Dieser Satz deutet auf das in Deutschland in Art. 9 Abs. 3 GG verankerte Koalitionsrecht hin: Dieser Artikel sichert Arbeitnehmern wie auch Arbeitgebern das Recht zu, sich zusammenzuschließen, um Arbeits- und Wirtschaftsbedingungen zu fördern. Gewerkschaften und Arbeitgeberverbände können also unabhängig in Tarifverhandlungen über Lohnhöhe, Arbeitszeiten, Mitbestimmung usw. entscheiden. Art. 9 Abs. 3 GG verleiht den traditionellen Tarifparteien jedoch nur ein Normsetzungsrecht, aber kein Normsetzungsmonopol (Preis/Ulber 2014: 5). Daher sieht die aktuelle Bewertung der Rechtslage den gesetzlichen Mindestlohn nicht als verfassungswidrig an, obwohl er in die Tarifautonomie eingreift, was u. a. mit Art. 74 Abs. 1 Nr. 12 GG begründet wird: Hier wird dem Bundesgesetzgeber u. a. die Gesetzgebungskompetenz für Arbeitsrecht und Arbeitsschutz gegeben, einschließlich der Befugnis zur Schaffung eines gesetzlichen Mindestlohns (Preis/Ulber 2014: 5). In § 1 MiLoG ist geregelt, dass der gesetzliche Mindestlohn nachrangig gegenüber bestehenden Tarifverträgen gilt, sofern die darin festgelegten Branchenmindestlöhne die Höhe des Mindestlohns nicht unterschreiten. Es wird also als rechtens angesehen, durch den Mindestlohn in die Tarifautonomie einzugreifen, da der gesetzliche Mindestlohn dazu dient, den strukturellen Nachteil von Arbeitnehmern beim Abschluss von Tarifverträgen auszugleichen (Preis/Ulber 2014). Eine grundlegende Voraussetzung des gesetzlichen Mindestlohns, nämlich verfassungskonform zu sein, ist also erfüllt, obwohl die Tarifautonomie eingeschränkt wird. Das Bundesverfassungsgericht hat seit Inkrafttreten des MiLoG bereits drei Verfassungsbeschwerden gegen das Gesetz abgewiesen.

Zusammenfassend kann festgehalten werden, dass die Regierung mit der Einführung des gesetzlichen Mindestlohns primär darauf abzielte, diejenigen Arbeitnehmer besser zu stellen, die trotz Vollzeitbeschäftigung von Armut bedroht sind oder in Armut leben. Diese Förderung soll in dem Maße stattfinden, welches nicht Wettbewerbsbedingungen und Beschäftigung mindert (§ 9 Abs. 2 MiLoG). Da das MiLoG jedoch nur unpräzise von einem „Mindestschutz der Arbeitnehmerinnen und Arbeitnehmer" (ebd.) spricht und gleichrangig die Wahrung von Arbeitsplätzen anführt, bleibt offen, ob der Mindestlohn eher als eine armutsbekämpfende sozialpolitische oder eine wirtschaftspolitische Maßnahme angesehen werden sollte. Dem Anspruch gerecht zu werden, künftig beide Funktionen im selben Maße zu erfüllen, erscheint zweifelhaft, was auch verdeutlicht, dass der gesetzliche Mindestlohn nur eine von mehreren Maßnahmen ist, die die genannten Ziele gemeinsam verfolgen.

Der Koalitionsvertrag legte den ab dem 1.1.2015 geltenden gesetzlichen Mindestlohn bei 8,50 Euro brutto pro Stunde fest, ohne jedoch darzulegen, wie die Höhe des Stundensatzes bestimmt wurde und inwiefern gerade dieser Betrag mit den eingangs genannten Zielen vereinbar ist. Künftig wird es Aufgabe der MLK sein, über Anpassungen der Höhe des Mindestlohns zu entscheiden.

2.2 Wie setzt sich die Mindestlohnkommission zusammen?

Die MLK besteht aus neun Mitgliedern und wird alle fünf Jahre neu berufen (§ 4 MiLoG). Die Bundesregierung beruft je drei Mitglieder auf Vorschlag der Spitzenorganisationen der Arbeitgeber und der Arbeitnehmer aus Kreisen der Arbeitgeber –bzw. Gewerkschaftsvereinigungen. Diese sechs Mitglieder bilden den Kern der MLK. Beide Lager sollen mindestens je eine Frau und einen Mann vorschlagen (§ 5 MiLoG).[2]

Weiterhin beruft die Bundesregierung einen Vorsitzenden auf gemeinsamen Vorschlag der Spitzenorganisationen der Arbeitgeber und der Arbeitnehmer (§ 6 MiLoG) sowie pro Seite je ein beratendes Mitglied aus Kreisen der Wissenschaft, welche wiederum zu gleichen Teilen von den Spitzenorganisationen vorgeschlagen werden (§ 7 MiLoG). Nach Möglichkeit soll es sich bei den beratenden Mitgliedern um eine Frau und einen Mann handeln. Die beratenden Mitglieder sollen in keinerlei Beschäftigungsverhältnis zu Arbeitgeber- oder Arbeitnehmerseite stehen (§ 7 MiLoG).

§ 8 MiLoG legt fest, dass alle Mitglieder der MLK ihre Tätgkeit ehrenamtlich ausüben; sie erhalten lediglich angemessene Entschädigungen für etwaigen bei der Tätigkeit in der MLK entstehenden Verdienstausfall und Fahrtkostenerstattung. Außerdem regelt §8 MiLoG, dass die Mitglieder der MLK bei der Wahrnehmung ihrer Tätigkeit keinen Weisungen unterliegen. Alle neun derzeitigen Mitglieder der MLK sind gleichzeitig auch berufstätig bzw. in diversen Verbänden, Räten, Vorständen etc. aktiv (Bundesministerium für Arbeit und Soziales 2015).

2.3 Die Arbeit der Mindestlohnkommission

Die MLK entscheidet erstmals bis zum 30. Juni 2016 mit Wirkung zum 1. Januar 2017 und danach alle zwei Jahre über eine Anpassung der Höhe des Mindestlohns (§ 9 Abs. 1 MiLoG). Die Arbeit der MLK und der Inhalt ihrer Beratungen sind vertraulich (§ 10 Abs. 4 MiLoG). Ebenfalls vertraulich ist, wie oft die Kommission zusammenkommt und inwiefern sie von ihren Möglichkeiten Gebrauch macht, Dritte anzuhören oder Informationen von externen Stellen einzuholen (§ 10 Abs. 3 MiLoG). Eine diesbezügliche Anfrage bei der Geschäftsstelle der MLK im September 2015 erbrachte keine neuen Informationen (Kopie der Anfrage: Anhang 1). Die MLK muss lediglich zusammen mit ihrer Empfehlung für die Anpassung der Höhe des gesetzlichen Mindestlohns, also alle zwei Jahre, eine schriftliche Begründung vorlegen (§ 9 Abs. 3 MiLoG).

---

[2] Die Spitzenorganisation der Arbeitgeber in Deutschland ist die Bundesvereinigung der Deutschen Arbeitgeberverbände e.V. (BDA), die der Arbeitnehmer der Deutsche Gewerkschaftsbund (DGB).

Die Geschäftsstelle der MLK wurde als eigene Organisationseinheit bei der Bundesanstalt für Arbeitsschutz und Arbeitsmedizin eingerichtet (§ 12 Abs. 2 MiLoG), die zum Bundesministerium für Arbeit und Soziales gehört. Die Geschäftsstelle besteht aus acht Mitarbeitern und unterstützt die Kommission sowohl durch wissenschaftliche Zuarbeit als auch organisatorisch/technisch (Anfrage bei der Geschäftsstelle: Anhang 1). Außerdem soll sie als Informationsstelle für den Mindestlohn Arbeitnehmer sowie Unternehmen zum Thema Mindestlohn beraten (§ 12 Abs. 3 MiLoG).

Die MLK ist beschlussfähig, wenn mindestens die Hälfte der stimmberechtigten Mitglieder anwesend ist und trifft Beschlüsse mit einfacher Mehrheit (§ 10 MiLoG). Stimmberechtigt sind in erster Abstimmung nur die je drei Vertreter der Arbeitgeber– bzw. Arbeitnehmerseite. Falls keine Mehrheit zustande kommt, ist der Vorsitzende gehalten, zwischen den Parteien zu vermitteln. Kommt keine Einigung zustande, übt der Vorsitzende sein Stimmrecht aus (§ 10 MiLoG). Die beiden wissenschaftlichen Mitglieder der MLK haben kein Stimmrecht, sondern lediglich das Recht, an den Sitzungen der MLK teilzunehmen (§ 7 MiLoG). Ihnen fällt also nur eine beratende Funktion zu.

Ein entscheidener Aspekt der Arbeit der MLK ist in § 9 Abs. 2 MiLoG geregelt: danach soll die MLK sich bei der Empfehlung für die künftige Höhe des Mindestlohns nachlaufend an der Tarifentwicklung orientieren. Als wichtiger Richtwert liegt demnach der Tarifindex des Statistischen Bundesamtes nahe (Riechert/Nimmerjahn 2015: 148-149), auch wenn im MiLoG kein spezifischer Index ausdrücklich genannt ist. Gemäß dem Vorschlag der MLK über die Anpassung des gesetzlichen Mindestlohns kann die Bundesregierung die Höhe des Mindestlohns ändern (§ 1 Abs. 2 MiLoG). Sie ist also nicht an den Vorschlag gebunden.

3 Das britische Modell

3.1 Ziele des gesetzlichen Mindestlohns in Großbritannien

In Großbritannien trat der NMW am 1. April 1999 unter der von Tony Blair geführten Labour Regierung in Kraft. Vorangegangen waren 18 Jahre Regierungszeit der *Conservative Party* von 1979-1997 unter Thatcher und Major. Anfang der 1990er Jahre hatte es einen starken Anstieg der Lohnspreizung und des Armutsniveaus in Großbritannien gegeben (Bosch/Weinkopf 2006: 125).

U. a. mit dem Versprechen der Einführung des NMW gelang der Labour-Party 1997 ein deutlicher Wahlerfolg. Der NMW sollte Beschäftigte vor ausbeuterischen Löhnen und Unternehmer vor unfairem Wettbewerb schützen (LPC 2001, Bd. 1: V). Hervorzuheben ist, dass zwischen dem Wahlerfolg der Labour-Regierung und dem Inkrafttreten des NMW 23 Monate lagen. Dies hatte drei Gründe: Erstens musste die LPC erst gebildet werden, was im nächsten Abschnitt behandelt wird.

Zweitens bestand die erste Aufgabe der LPC darin, eine Empfehlung für die Einstiegshöhe des NMW auszuarbeiten und dabei die folgenden Aspekte des NMW zu berücksichtigen: *"the wider economic and social implications; the likely effect on the level of employment and inflation; the impact on the competitiveness of business, particularly the small firms sector; and the potential impact on the costs to industry and the Exchequer"* (LPC 1998: 13f.).[3] Fortan sollte diese Gesamtabwägung der Auswirkungen des NMW durch die LPC überwacht werden. Drittens vergingen noch neun Monate zwischen dem ersten Bericht der LPC, der die Empfehlung zur Einstiegshöhe enthielt, und dem Inkrafttreten des NMW in Form des *National Minimum Wage Act*.

Die Labour Party hatte bewusst im vorangegangenen Wahlkampf nicht mehr für eine bestimmte Höhe des NMW plädiert, weil ihr von Seiten der Conservative Party der Verlust von zwei Millionen Arbeitsplätzen durch die Einführung eines fixen NMW vorgeworfen worden war (Burgess 2006: 34-37). Durch die Gründung der LPC und ihre unabhängige Arbeit sollten diese Bedenken entkräftet werden. In den Worten William Browns, Mitglied der LPC von 1997-2007, ist das Ziel des NMW, Geringverdiener besser zu stellen, ohne in nennenswertem Umfang Arbeitsplätze zu gefährden (Brown 2009: 438 ff).

Die Gewerkschaften in Großbritannien hatten den NMW lange abgelehnt, obwohl sie traditionell der Labour Party nahestehen, die sich während ihrer 18 Oppositionsjahre zunehmend stärker für den NMW einsetzte (George 2007: 39-44). Zum Umdenken führten schließlich die sich stetig verschlechternde finanzielle Lage von Arbeitnehmern Ende der 1980er Jahre, die Ausbreitung von Armut und die Anti-Gewerkschaftspolitik Thatchers (ebd.). Außerdem waren seit den 1980er Jahren der Organisationsgrad der Arbeitnehmer und die Tarifbindung deutlich zurückgegangen (Burgess 2006: 33 ff.). Durch die Arbeit der LPC gelang es schließlich, bei der Einführung des NMW sowohl die Unterstützung der Gewerkschaften als auch der Unternehmerverbände zu gewinnen (Bosch/Weinkopf 2006: 128).

3.2 Wie setzt sich die Low Pay Commission zusammen?

Die LPC besteht aus neun Mitgliedern, wobei je drei Mitglieder einen gewerkschaftlichen Hintergrund haben, drei von Seiten der Arbeitgeber kommen und drei einen wissenschaftlichen Hintergrund haben (Brown 2002: 4). Die Mitglieder werden durch die Regierung nach individueller Bewerbung der Kandidaten ausgewählt (George 2007: 45 ff). Bei der Auswahl der Kandidaten wird berücksichtigt, dass die LPC durch ihre Mitglieder eine ausgewogene Mischung aus Erfahrung und

---

[3] Eigene Übersetzung: „die umfassenden wirtschaftlichen und sozialen Auswirkungen, die voraussichtlichen Folgen für Beschäftigung und Inflation, den Einfluss auf die Wettbewerbsfähigkeit von Unternehmen, speziell von Kleinbetrieben, und den möglichen Effekt auf die Kosten für Industrie und Fiskus."

Expertise im Bereich der Lohnfindung von Geringverdienern aufweisen soll, hinreichend regionale, industrielle und geschlechterspezifische Interessen wahrt und je einen Vertreter der Spitzenorganisationen von Arbeitgebern und Arbeitnehmern enthält (Brown 2009: 442).[4] Der Vorsitz wird einem der drei Mitglieder mit wissenschaftlichem Hintergrund von der Regierung zugesprochen.

Die Auswahl der Mitglieder unterliegt den *Nolan* Grundsätzen, einem ethischen Verhaltenskodex, der in Großbritannien u. a. für alle Angestellten im öffentlichen Dienst gilt (Brown 2009: 442). Diese Grundsätze sind: Selbstlosigkeit, Integrität, Objektivität, Verantwortlichkeit, Offenheit, Ehrlichkeit und Führung.

Die Mitglieder der LPC werden für vier Jahre in ihr Amt berufen. Es ist ihnen möglich, anschließend nach erneuter Bewerbung wiederernannt zu werden. Die tägliche Vergütung für die Mitglieder der LPC beträgt aktuell 242,12 Pfund (British Government 1 2015). Die meisten derzeitigen Mitglieder der LPC sind gleichzeitig auch berufstätig bzw. in diversen Verbänden, Räten, Vorständen etc. aktiv (British Government 2 2015).

3.3 Die Arbeit der LPC

Wie oben bereits kurz beschrieben, begann die Arbeit der LPC schon vor Einführung des NMW. Ihre Aufgabe bestand darin, der Regierung Empfehlungen auszusprechen für die Einstiegshöhe des NMW sowie für Ausnahmeregelungen des NMW und eine verminderte Einstiegshöhe des NMW für 16-25-jährige (LPC 1998: 13). Zudem sollte die LPC auf eventuelle Fragen und Anliegen von Ministern eingehen (ebd.). Die Arbeit der LPC soll seit ihrer Gründung unabhängig sein (ebd.: 1).

In ihrem ersten Bericht *"The National Minimum Wage – First Report of the Low Pay Commission"*, sprach sich die LPC im Juni 1998 nach umfangreicher empirischer Forschung und Evaluation aller Kriterien für eine Einstiegshöhe des NMW von 3,60 Pfund brutto aus. Die Einstiegshöhe des NMW für 16-25-jährige sollte demnach bei 3,30 Pfund brutto liegen.

Sowohl für diese erste Aufgabe als auch in den folgenden Jahren bis heute besuchen die Mitglieder der LPC in regelmäßigen Exkursionen in unterschiedliche Regionen des Landes Arbeitnehmer und Arbeitgeber, um sich vor Ort mit ihnen über den NMW auszutauschen. Im Schnitt unternahmen die Mitglieder der LPC in der Vergangenheit je vier Besuche pro Jahr, um möglichst direkten Kontakt zu denen zu haben, die von ihren Entscheidungen betroffen sind (Brown 2009: 436). Unterstützt wird die LPC von einem Sekretariat, das in der Vergangenheit je nach Bedarf meist zwischen zehn und 20 wissenschaftliche Mitarbeiter umfasste (Brown 2002: 5); aktuell sind es acht Mitarbeiter. Zu ihren Aufgaben gehören die Durchführung von Befragungen, statistische und wirtschaftliche Analysen,

---

[4] Die Spitzenorganisation der Arbeitgeber in Großbritannien ist die *Confederation of British Industry* (CBI), die der Arbeitnehmer der *Trade Union Congress* (TUC).

wissenschaftliche Ausarbeitungen von relevanten Fragestellungen und die Vor- und Nachbereitung von Treffen und Beratungen der Mitglieder der LPC mit externen Stellen (ebd.). Zwischen 1997 und 2007 erforschten die wissenschaftlichen Mitarbeiter der LPC in über 70 Ausarbeitungen umfangreich die Auswirkungen des NMW (Brown 2009.: 432). Die LPC und ihr Sekretariat sind im *Department of Trade and Industry* angesiedelt.

Die LPC untersucht fortlaufend die Auswirkungen des NMW, prüft inwiefern die o.g. Ziele erfüllt werden und gibt einmal jährlich eine Empfehlung über die Anpassung der Höhe des NMW ab.[5] Bei Entscheidungen über Empfehlungen der LPC und Abstimmungen über Anpassungen des NMW sind alle neun Mitglieder der LPC stimmberechtigt. In der Vergangenheit war die LPC stets erfolgreich in ihrem Bestreben, ihre Entscheidungen einstimmig zu fällen (Brown 2009: 433). Sie erhoffte sich durch die Geschlossenheit, den Empfehlungen für Änderungen größeres Gewicht zu verleihen. Im Ergebnis folgte die Regierung bislang auch in allen wesentlichen Punkten den Empfehlungen der LPC, indem sie diese umsetzte, obwohl sie nicht an die Empfehlungen gebunden ist (Brown 2009: 440 ff). Um Einigkeit zu erzielen, waren bei der jährlichen Versammlung zur Abstimmung oft lange, komplizierte Verhandlungen unter den Mitgliedern der LPC nötig (ebd.: 435 ff). Ein wichtiger Aspekt bei diesen Verhandlungen waren stets die Forschungsergebnisse des Sekretariats, die begünstigten, die Debatten auf sachlicher Ebene zu einstimmigen Kompromissen zu führen (ebd.). Sechs Monate bevor die Höhe des NMW angepasst wird, veröffentlicht die Regierung die neuen Stundensätze, um Unternehmen Zeit zu geben, sich darauf vorzubereiten (Burgess 2006: 45).

4 Die Mindestlohnkommission und die *Low Pay Commission* im Vergleich

4.1 Sechs wesentliche Unterschiede

Der erste wichtige Unterschied zwischen MLK und LPC besteht darin, dass die Mitglieder der MLK auf Vorschlag der nationalen Spitzenorganisationen der Arbeitgeber bzw. Arbeitnehmer berufen werden. Die Mitglieder der LPC dagegen bewerben sich direkt und werden von der Regierung persönlich ernannt, „was dazu dient, institutionspolitische Erwägungen innerhalb der LPC zu mäßigen" (Burgess 2006: 42). Auch wenn §8 MiLoG festlegt, dass die Mitglieder der MLK keinen Weisungen unterliegen, erscheint fraglich, inwiefern dies in der Praxis möglich ist, wenn die stimmberechtigten Mitglieder auch die Interessenvertreter einer Organisation sind, von deren Legitimation sie in ihrem Amt abhängen. Es ist anzunehmen, dass bestimmte Erwartungshaltungen an diese Mitglieder bestehen, aus denen sich ein Einfluss auf die Mitglieder ableiten lässt. Auch in der LPC sind je drei der neun

---

[5] § 1 Abs. 3 im *National Minimum Wage Act* spricht leidglich von Anpassungen *„from time to time"*. In der Praxis hat sich die jährliche Anpassung zum 1. Oktober etabliert.

Mitglieder von Seiten der Gewerkschaften bzw. Arbeitgeber. Die Auswahl der Mitglieder obliegt jedoch allein der Regierung, womit ihr eine größere Verantwortung für die Eignung und Unabhängigkeit der Kandidaten zukommt. Somit besteht in der LPC zumindest auch eine weniger direkte Verbindung und daraus folgende Abhängigkeit zwischen den Spitzenorganisationen und den Mitgliedern der Kommission.

Der zweite wichtige Unterschied ist, dass die Mitglieder der MLK im Gegensatz zu den Mitgliedern der LPC eine ehrenamtliche Tätigkeit ausüben. Einige argumentieren, dies fördere die Unabhängigkeit der Mitglieder gegenüber der Regierung, da sie so immun gegen Beeinflussung durch die Gewährung oder den Entzug materieller Vorteile seien (z.b. Riechert/Nimmerjahn 2015: 142), obwohl die Regierungen beider Länder sowieso nicht an die Empfehlungen der Kommissionen gebunden sind. Gleichzeitig bedeutet das Ehrenamt, dass eine eventuelle Abhängigkeit oder Verbindung zu den Spitzenorganisationen der Arbeitnehmer bzw. Arbeitgeber verstärkt werden kann, da davon auszugehen ist, dass die Mitglieder auf ihren Erwerbsarbeitsplatz angewiesen sind, der u. a. in der sie legitimierenden Spitzenorganisation liegen oder beruflich mit dieser verknüpft sein kann, wie man beispielhaft an den derzeitigen Mitgliedern der MLK sehen kann (Bundesministerium für Arbeit und Soziales 2015). In diesem Fall würde es die Unabhängigkeit der stimmberechtigten Mitglieder der MLK wohl eher fördern, wenn sie für ihre Tätigkeit in der MLK eine Vergütung erhielten, wie es in Großbritannien der Fall ist. Lediglich den beratenden Mitgliedern der MLK ist durch § 7 Abs. 1 MiLoG untersagt, während ihrer Tätigkeit als Mitglied der MLK in irgendeinem Beschäftigungsverhältnis zu Arbeitnehmer- oder Arbeitgeberseite zu stehen.

Die ersten beiden genannten Unterschiede zielen auf die Unabhängigkeit der Mitglieder der Kommissionen ab. Dies ist ein kritischer Punkt, von dem der Erfolg des Mindestlohns wesentlich mit abhängt. Obwohl es äußerst schwierig erscheint, diese Problematik ohne Kontroverse zu lösen, erscheint das britische Modell aufgrund der größeren Unabhängigkeit der Mitglieder gelungener.

Der dritte wichtige Unterschied ist, dass die Mitglieder aus dem Bereich der Wissenschaft in der MLK anders als ihre Pendants in der LPC nicht stimmberechtigt sind. Dies erscheint im Hinblick auf den Anspruch der MLK, unabhängig zu sein, der sich aus § 7 Abs. 1 und § 8 Abs. 1 MiLoG ergibt, unverständlich und inkonsequent. Wissenschaftliche Arbeit zeichnet sich per Definition u. a. dadurch aus, unvoreingenommen und unabhängig zu sein. Entsprechend haben die wissenschaftlichen Mitglieder der LPC dazu beigetragen, die Debatten der LPC um Anpassungen des NMW durch ihre Beiträge zu versachlichen, den Dialog zu fördern und zwischen Arbeitgeber- und Arbeitnehmerseite zu vermitteln (Brown 2009). Die wissenschaftlichen Mitglieder der MLK werden durch fehlendes Stimmrecht entmachtet und ihre beschriebene Funktion wird faktisch stark eingeschränkt.

Gleichzeitig wird die Fakten- und Sachorientierung, die wesentlich zum Erfolg des NMW in Großbritannien beigetragen hat (Bosch/Weinkopf 2006: 128), eingeschränkt.

Der vierte und vielleicht wichtigste Unterschied besteht darin, dass die MLK sich im Gegensatz zur LPC bei ihren Empfehlungen zu Anpassungen der Höhe des gesetzlichen Mindestlohns nachlaufend an der Tarifentwicklung orientieren muss. Diese Vorgabe schränkt den Einfluss der MLK stark ein und begrenzt ihn weitgehend auf rückwärtsgerichtete Anpassungen. Außerdem sind Szenarien möglich, bei der sie in Konflikt zu den in Abschnitt 2.1 genannten Zielen des gesetzlichen Mindestlohns steht. Denkbar wäre z.B. eine konjunkturelle Entwicklung, die im Rahmen der o.g. Ziele eine andere Anpassung der Höhe des gesetzlichen Mindestlohns nötig machen würde als der nachlaufende Tarifindex vorgibt (Riechert/Nimmerjahn 2015: 149). Während die LPC in so einem Fall die Möglichkeit hat, den NMW vorausschauend anzupassen und so einer Entwicklung ggf. gegenzusteuern, entfällt diese Möglichkeit für die MLK.

Ein weiterer Unterschied besteht in der Frequenz der Anpassungen des gesetzlichen Mindestlohns. Während die LPC seit ihrem Bestehen jährlich eine Empfehlung über die Höhe des NMW ausspricht, ist die MLK gehalten, lediglich alle zwei Jahre ihre entsprechende Empfehlung abzugeben. Da die meisten Kennzahlen zur wirtschaftlichen Entwicklung eines Landes wie Wirtschaftswachstum, Arbeitslosenzahlen, Inflationsrate usw. mindestens einmal jährlich ermittelt werden, erscheint es nicht naheliegend, für den Mindestlohn hiervon abzuweichen. Argumente wie Entbürokratisierung oder Vereinfachung des Prozesses durch eine niedrigere Anpassungsfrequenz überzeugen angesichts der eingangs thematisierten hohen Relevanz der richtigen Höhe des gesetzlichen Mindestlohns nicht.

Der sechste wichtige Unterschied besteht darin, dass die Einstiegshöhe des gesetzlichen Mindestlohns in Deutschland politisch festgelegt wurde, während sie in Großbritannien vom LPC empfohlen worden ist. Wie auch der zuletzt genannte Punkt betrifft dies die Ermittlung der optimalen Höhe des Mindestlohns und auch hier muss konstatiert werden, dass das britische Modell der Einführung besser gelungen ist: In Großbritannien erarbeitete die LPC ab ihrer Gründung im Juli 1997 bis Juni 1998, also elf Monate lang, eine Empfehlung für die Details zur Einführung des NMW inklusive der Einstiegshöhe. Berücksichtigt man, dass der gesetzliche Mindestlohn in Deutschland als dauerhaftes und sicherlich nach Möglichkeit erfolgreiches Instrument vorgesehen ist und zudem erst zwei Jahre nach seinem Inkrafttreten das erste Mal angepasst werden soll, erscheinen elf Monate für die Erarbeitung der wichtigen Details vor Einführung durch ein Expertenkommittee eine gute zeitliche Investition. Das Risiko, mit einem insbesondere zu hohen Mindestlohn dieses Projekt bereits am Anfang zu gefährden, ist zu groß. In Großbritannien galt die Einstiegshöhe des NMW als verhältnismäßig niedrig, wurde aber in den Folgejahren kontinuierlich nach oben angepasst und zwar stärker als die allgemeinen Lohnsteigerungen (Bosch/Weinkopf 2006: 127). So konnten Unternehmen schrittweise an den NMW herangeführt werden.

4.2 Nennenswerte Gemeinsamkeiten

In beiden hier untersuchten Ländern führten ähnliche Ausgangssituationen zur Einführung eines gesetzlichen Mindestlohns: Primärer Beweggrund war das zunehmende Problem der *working poor*, d.h. Arbeitnehmer, die trotz Erwerbstätigkeit in Armut leben oder von Armut bedroht waren.[6] Das weitgehend übereinstimmende Ziel bei der Einführung war also, diese Gruppe besser zu stellen, allerdings nur zu dem Maße, das sich nicht oder nur unwesentlich nachteilig auf Beschäftigung und Wettbewerbskraft des Landes auswirken würde. Die in beiden Ländern angestrebte Gesamtabwägung macht deutlich, dass sowohl Deutschland als auch Großbritannien im gesetzlichen Mindestlohn kein Allheilmittel für das Problem der *working poor* sehen. Der Mindestlohn hat demnach in beiden Ländern nicht den Charakter einer bedingungslosen Grundsicherung von Erwerbstätigen.

Zweitens finden sowohl in Großbritannien als auch in Deutschland die Treffen der Kommissionen unter Ausschluss der Öffentlichkeit statt. Die Geheimhaltung ihrer Arbeit schützt die Unabhängigkeit ihrer Mitglieder. Aktive Öffentlichkeitsarbeit und Transparenz in der Begründung ihrer Empfehlungen und Forschungsergebnisse sind jedoch wünschenswert, um die Akzeptanz und das Verständnis bzgl. des gesetzlichen Mindestlohns in der Bevölkerung zu stärken. Da die MLK aktuell weniger als ein Jahr besteht, kann noch keine aussagekräftige Bewertung darüber vorgenommen werden. Großbritannien kann jedoch auch hier als gutes Beispiel herangezogen werden (siehe: 3.3 Die Arbeit der LPC).

Eine weitere Gemeinsamkeit besteht darin, dass sowohl die Mitglieder der MLK als auch die der LPC in ihrer jeweiligen Funktion keine Vollzeittätigkeit ausführen, was sich auch in den teils umfangreichen beruflichen Tätigkeiten der Mitglieder außerhalb der Kommissionen widerspiegelt. Die Mitglieder der LPC sind gehalten, im Schnitt 1,5 Tage pro Monat in ihrer Funktion als Mitglied der LPC zu arbeiten (British Government 3 2015), nähere Angaben zur Arbeit der Mitglieder der MLK stehen nicht zur Verfügung. Dies zeigt auch, wie wichtig die unterstützende Rolle des Sekretariats der LPC bzw. der Geschäftsstelle der MLK ist, um der komplexen Aufgabe, die Mindestlohnhöhe zu regeln, gerecht zu werden. Es wäre demnach wünschenswert, wenn sich die wissenschaftlichen Mitarbeiter der Geschäftsstelle der MLK in einem ähnlichen Maße wie die des Sekretariats der LPC an

---

[6] In beiden Fällen war eine sinkende Tarifbindung vorausgegangen, wonach ein Zusammenhang zwischen Tarifbindung und Armutsniveau zu bestehen scheint. Die Kausalität konnte im Rahmen dieser Arbeit jedoch nicht untersucht werden.

Forschung und Analyse des gesetzlichen Mindestlohns zu beteiligen hätten. Insbesondere wird die Notwendigkeit der ausführlichen Analyse dadurch unterstrichen, dass Erfahrungen aus anderen Ländern immer nur bedingt anwendbar sind: zu groß sind die nationalen Unterschiede in Bezug auf die Struktur des Arbeitsmarktes, jeweilige regionale, branchenspezifische und gesetzliche Rahmenbedingungen und methodische Probleme bei empirischen Untersuchungen, die die Vergleichbarkeit erschweren (Knabe/Schöb/Thum 2014).

5 Schlussbetrachtung

Die Einführung des gesetzlichen Mindestlohns in Deutschland war überfällig. Derzeit ist es aber noch zu früh, um belastbare Aussagen darüber zu treffen, ob die Ziele des gesetzlichen Mindestlohns bisher erreicht wurden. Ebenfalls kann die Arbeit der MLK bisher kaum beurteilt werden, da sie praktisch noch nicht in Erscheinung trat. Hier konnten also nur die im Wesentlichen durch das MiLoG geschaffenen Rahmenbedingungen für ihre Arbeit untersucht und mit der LPC verglichen werden. Dabei ist deutlich geworden, dass es gravierende Unterschiede gibt, die das Erreichen der Ziele des gesetzlichen Mindestlohns in Deutschland gefährden.

Warum hat die Bundesregierung aus CDU/CSU/SPD entschieden, dass die Mitglieder der MLK von den Spitzenorganisationen der Arbeitgeber und Arbeitnehmer vorgeschlagen werden? Warum haben die wissenschaftlichen Mitglieder der MLK kein Stimmrecht? Warum soll sich die MLK bei ihrer Empfehlung zur Höhe des Mindestlohns nachlaufend an der Tarifentwicklung orientieren, nicht aber an der Entwicklung von Arbeitsmarkt und Konjunktur? Die einzig naheliegende aber ungesicherte Antwort auf diese Fragen lautet, dass dies Zugeständnisse an die traditionellen Tarifparteien sind, die durch den gesetzlichen Mindestlohn einen Eingriff in die Tarifautonomie hinnehmen mussten. Wie in Abschnitt 2.1 gezeigt wurde, ist dieser jedoch rechtlich abgesichert und war aufgrund der sinkenden Tarifbindung, des Anstiegs des Niedriglohnsektors und der wachsenden Problematik der *working poor* angebracht.

In der aktuellen Form kann die MLK wohl nur sehr bedingt dazu beitragen, die gesteckten Ziele zu erfüllen. Um das Experiment Mindestlohn langfristig erfolgreich zu machen, erscheint eine Überarbeitung des MiLoG und dabei insbesondere eine Stärkung der unabhängigen wissenschaftlichen Evaluierung der Mindestlohnwirkung dringend geboten. Es wäre wünschenswert, dabei stärker auf die guten Erfahrungen aus Großbritannien zurückzugreifen. Dort gilt der Mindestlohn nicht nur parteiübergreifend und bei Arbeitnehmer- und Arbeitgeberverbänden als Erfolg, sondern genießt auch in der Bevölkerung breite Unterstützung (George 2007: 39-47).

Literatur

Bispinck, Reinhard/Schäfer, Claus (2006): Niedriglöhne und Mindesteinkommen: Daten und Diskussionen in Deutschland. In: Schulten, Thorsten/Bispinck, Reinhard/Schäfer, Claus (Hrsg.): Mindestlöhne in Europa. Hamburg: VSA-Verlag, S. 269-295.

Bosch, Gerhard/Weinkopf, Claudia (2006): Mindestlöhne in Großbritannien. Ein geglücktes Realexperiment. In: WSI-Mitteilungen: Monatszeitschrift des Wirtschafts- und Sozialwissenschaftlichen Instituts in der Hans-Böckler-Stiftung 59 (3), S. 125–130.

British Government 1 (2015): Government announces new commissioners to the independent Low Pay Commission. London: Government. https://www.gov.uk/government/news/government-announces-new-commissioners-to-the-independent-low-pay-commission (zuletzt geprüft am 30.11.2015).

British Government 2 (2015): About us. London: Government. https://www.gov.uk/government/ organisations/low-pay-commission/about (zuletzt geprüft am 30.11.2015).

British Government 3 (2015): Code of conduct for members of the Low Pay Commission. London: Government. https://www.gov.uk/government/uploads/system/uploads/attachment_data/file/ 342383/LPC_-_Code_of_Conduct_for_Members_of_the_Low_Pay_Commission_-_July_2014.pdf (zuletzt geprüft am 30.11.2015).

Brown, William (2002): The operation of the Low Pay Commission. Cambridge: University of Cambridge. http://www.econ.cam.ac.uk/dae/repec/cam/pdf/wp0223.pdf (zuletzt geprüft am 13.11.2015).

Brown, William (2009): The process of fixing the British National Minimum Wage, 1997-2007. In: British Journal of Industrial Relations 47 (2), S. 429–443.

Bundesministerium für Arbeit und Soziales (2015): Die Mitglieder der Mindestlohn-Kommission. Berlin: Bundesministerium für Arbeit und Soziales. http://www.bmas.de/SharedDocs/Downloads/DE/ der-mindestlohn-lebenslaeufe-kommission.pdf?__blob=publicationFile (zuletzt geprüft am 06.11.2015).

Burgess, Pete (2006): Gesetzlicher Mindestlohn in Großbritannien. In: Schulten, Thorsten/Bispinck, Reinhard/Schäfer, Claus (Hrsg.): Mindestlöhne in Europa. Hamburg: VSA-Verlag, S. 31-54.

CDU/CSU/SPD (2013): Deutschlands Zukunft gestalten. Koalitionsvertrag zwischen CDU, CSU und SPD. 18. Legislaturperiode. Berlin: Union Betriebs-GmbH.

George, Roman (2007): Gesetzlicher Mindestlohn. Was kann Deutschland von den Nachbarn lernen? Die Erfahrungen mit gesetzlichen Mindestlöhnen in Frankreich und Großbritannien. Marburg: Tectum Verlag.

Herr, Hansjörg/Kazandziska, Milka/Mahnkopf-Praprotnik, Silke (2009): The theoretical debate about minimum wages. Working papers, paper No. 6. Kassel: Global Labour University. http://hdl.handle.net/10419/96384 (zuletzt geprüft am 13.11.2015).

Jerger, Jürgen (2006): Gesetzliche Mindestlöhne in Deutschland. Oder: Feuerlöschen mit Benzin. In: Wirtschaftswissenschaftliches Studium: Wist. Zeitschrift für Ausbildung und Hochschulkontakt 35 (5), S. 241.

Knabe, Andreas/Schöb, Ronnie/Thum, Marcel (2014): Der flächendeckende Mindestlohn. In: Perspektiven der Wirtschaftspolitik 15 (2), S. 133–157.

LPC (1998): The national minimum wage - First report of the Low Pay Commission (Reports of the Low Pay Commission, 1). London: Stationery Office.

LPC (2001): The national minimum wage. Making a difference: third report of the Low Pay Commission. (Reports of the Low Pay Commission, 3). London: Stationery Office.

Preis, Ulrich/Ulber, Daniel (2014): Die Verfassungsmäßigkeit des allgemeinen gesetzlichen Mindestlohns. Düsseldorf: Hans-Böckler-Stiftung. http://www.boeckler.de/pdf/p_arbp_305.pdf (zuletzt geprüft am 6.11.2015).

Riechert, Christian/Nimmerjahn, Lutz (2015): Mindestlohngesetz. Kommentar. München: C. H. Beck.

Seils, Eric (2012): Beschäftigungswunder und Armut. Deutschland im internationalen Vergleich. In: WSI Report (07), S. 1–13.

Anhang

1 von 1: Anfrage bei der Geschäftsstelle der MLK und ihre Anwort

Tim Reclam

Arbeit der Mindeslohnkommission

Tim Reclam
11. September 2015 um 11:07
An: geschaeftsstelle@mindestlohn-kommission.de
Cc: pressekontakt@mindestlohn-kommission.de

Sehr geehrte Damen und Herren,

im Zuge einer Hausarbeit im Bachelor Studiengang Sozialökonomie, Schwerpunkt Volkswirtschaftslehre, beschäftige ich mich derzeit genauer mit der Arbeit der Mindestlohnkommission. Die Arbeit zieht einen Vergleich zur Low Pay Commission in Großbritannien und beleuchtet den Anpassungsprozess des Mindestlohns.

In diesem Zusammenhang hätte ich ein paar Fragen an Sie. Aufgrund der Aktualität des Themas gibt es wenig Literatur zu einigen für mich relevanten Punkten. Daher wende ich mich an Sie in der Hoffnung, die Arbeit auf diesem Weg möglichst präzise, relevant und aktuell schreiben zu können. Meine Frage sind:

Wie sieht die Arbeit der Mindestlohnkommission konkret aus, d.h. wie oft kommen die Mitglieder zusammen? Und wie gestaltet sich die unter §10, Punkt (3) des MiLoG dargestellte Arbeit der Kommission in der Praxis? Bzgl §9, Punkt (2) des MiLoG:" Die Mindestlohnkommission orientiert sich bei der Feststzung nachlaufend an der Tarifentwicklung." - inwiefern hat die Kommission Handlungsspielraum abweichend von der Tarifentwicklung? Wieviele Mitarbeiter hat die Geschäftsstelle der Kommission bei der Bundesanstalt für Arbeitsschutz und Arbeitsmedizin? Nimmt die Geschäftsstelle am Prozess der Feststzung und Anpassung des Mindestlohns teil?

Ich würde mich sehr über Informationen von Ihnen freuen oder Hinweise auf geeignete Quellen, bzw Personen, die mir weiterhelfen können.

Vielen Dank vorab, mit freundlichen Grüßen

Tim Reclam

Tim Reclam

Arbeit der Mindeslohnkommission

Geschäftsstelle Mindestlohn-Kommission <Geschaeftsstelle@mindestlohn-kommission.de>
An: Tim Reclam

14. September 2015 um 09:54

Sehr geehrter Herr Reclam,

ich freue mich über Ihr Interesse an der Arbeit der Mindestlohnkommission. Leider muss ich Ihnen mitteilen, dass die Arbeit der Mindestlohnkommission vertraulich ist und ich Ihnen daher keine Auskünfte darüber geben kann, wie oft sich die Mindestlohnkommission trifft und wie sie inhaltlich ihre Arbeit ausrichtet.
Die Geschäftsstelle hat 8 Mitarbeiter/innen, die die Mindestlohnkommission durch wissenschaftliche Zuarbeit, aber auch organisatorisch/technisch unterstützen.
Bis zur ersten Entscheidung über die Anpassung des Mindestlohns im Juni 2016 ist es leider nicht möglich, Weiteres zur Arbeit der Mindestlohnkommission bekannt zu geben.
Als Literaturtipp wäre der Kommentar zum Mindestlohngesetz von Riechert und Nimmerjahn (2015) zu nennen.

Ich hoffe auf Ihr Verständnis und wünsche Ihnen viel Erfolg bei Ihrer Arbeit!

Mit freundlichen Grüßen,

---

b a u a:
Bundesanstalt für Arbeitsschutz und Arbeitsmedizin
Wissenschaftliche Mitarbeiterin
Fachbereich 1 • Grundsatzfragen und Programme

-----Ursprüngliche Nachricht-----
Von: Tim Reclam
Gesendet: Freitag, 11. September 2015 11:08
An: Geschäftsstelle Mindestlohn-Kommission
Cc: Postfach, Pressekontakt Mindestlohn-Kommission
Betreff: Arbeit der Mindeslohnkommission
[Zitierter Text ausgeblendet]